Los grandes felinos

Los jaguares

por Marie Brandle

Bullfrog en español

Ideas para padres y maestros

Bullfrog Books permite a los niños practicar la lectura de textos informativos desde el nivel principiante. Las repeticiones, palabras conocidas y descripciones en las imágenes ayudan a los lectores principiantes.

Antes de leer

- Hablen acerca de las fotografías. ¿Qué representan para ellos?
- Consulten juntos el glosario de las fotografías. Lean las palabras y hablen de ellas.

Durante la lectura

- Hojeen el libro y observen las fotografías. Deje que el niño haga preguntas. Muestre las descripciones en las imágenes.
- Léale el libro al niño o deje que él o ella lo lea independientemente.

Después de leer

- Anime al niño para que piense más. Pregúntele: ¿Qué sabías sobre los jaguares antes de leer este libro? ¿Qué más te gustaría aprender sobre ellos?

Bullfrog Books are published by Jump!
5357 Penn Avenue South
Minneapolis, MN 55419
www.jumplibrary.com

Library of Congress Cataloging-in-Publication Data

Names: Brandle, Marie, 1989– author.
Title: Los jaguares / por Marie Brandle.
Other titles: Jaguars. Spanish
Description: Minneapolis: Jump!, Inc., 2021.
Series: Los grandes felinos | Includes index.
Audience: Ages 5–8 | Audience: Grades K–1
Identifiers: LCCN 2020042729 (print)
LCCN 2020042730 (ebook)
ISBN 9781645278665 (hardcover)
ISBN 9781645278672 (ebook)
Subjects: LCSH: Jaguar—Juvenile literature.
Classification: LCC QL737.C23 B724618 2021 (print)
LCC QL737.C23 (ebook) | DDC 599.75/5—dc23

Editor: Eliza Leahy
Designer: Michelle Sonnek
Translator: Annette Granat

Photo Credits: Anan Kaewkhammul/Shutterstock, cover; Martin Mecnarowski/Shutterstock, 1; Albertus Bonke/Shutterstock, 3; Dennis van de Water/Shutterstock, 4, 23br; Pedro Helder Pinheiro/Shutterstock, 5; GUDKOV ANDREY/Shutterstock, 6–7, 8–9; Picture by Tambako the Jaguar/Getty, 10; bluehand/Shutterstock, 11; Kelp Grizzly Photography/Shutterstock, 12–13, 23bl; Hans Wagemaker/Shutterstock, 14–15; Adalbert Dragon/Shutterstock, 16–17; Wonderly Imaging/Shutterstock, 18, 23tr; gerard lacz/Alamy, 19, 23tl; ZSSD/Minden Pictures/SuperStock, 20–21, 23tm; Ursula Pinheiro/Shutterstock, 23bm; Ana Vasileva/Shutterstock, 24.

Printed in China.

Tabla de contenido

Manchas oscuras

Hace calor en la selva tropical.

Un jaguar duerme arriba, en un árbol.

Los jaguares son grandes felinos.

Su pelaje es marrón.

Ellos tienen manchas oscuras.

mancha

Su pelaje les ayuda a esconderse.

¡Qué genial!

Sus garras son afiladas.

Las garras les ayudan a trepar.

Los jaguares descansan en ramas.

¡Qué increíble!

Ellos rascan los árboles.

¿Por qué?

Eso deja un perfume.

Otros jaguares
lo huelen.

Estos se mantienen
alejados.

Este jaguar nada.

¿Por qué?

Busca una presa para cazar.

diente

Los jaguares tienen los dientes grandes.

¡Estos son afilados!

Esta mamá va a su guarida. ¡Sus cachorros están adentro!

Ella los acicala.

Les va a enseñar a cazar.
Por ahora, ¡ellos juegan!

¿En qué parte del mundo?

La mayor parte de los jaguares viven en las selvas tropicales de Sudamérica, Centroamérica y Norteamérica. ¡Echa un vistazo!

■ **donde viven los jaguares**

Glosario de fotografías

acicala
Limpia. Una mamá jaguar acicala a sus cachorros lamiéndoles el pelaje.

cachorros
Jaguares jóvenes.

guarida
El hogar de un animal salvaje.

perfume
El olor de un animal.

presa
Un animal que es cazado por otro animal que busca comida.

selva tropical
Un bosque tropical denso en donde cae mucha lluvia durante todo el año.

Índice

Para aprender más

Aprender más es tan fácil como contar de 1 a 3.

1. Visita www.factsurfer.com
2. Escribe "losjaguares" en la caja de búsqueda.
3. Elige tu libro para ver una lista de sitios web.